Pregunta esencial
¿De dónde vienen las buenas ideas?

Los hilos de la araña

Versión de Claudia María Ramírez López
ilustrado por Viviana Diaz

Capítulo 1

Una familia wayú

Te voy a contar un cuento sobre tejidos, pero no vayas a pensar que es sobre cualquier tejido. No. Es un cuento que nos habla del origen de los tejidos de los wayú, famosos por sus formas geométricas y sus colores sin igual.

Te preguntarás quiénes son los wayú, o guajiros. Ellos son una comunidad indígena que vive en La Guajira, una región ubicada en el punto más al norte de Colombia. La región es desértica y está cerca del mar. En el horizonte se unen la arena amarilla y el mar azul para formar hermosos paisajes coloridos.

Cuentan que hace mucho, mucho tiempo, los wayú
no sabían tejer. Se dedicaban a la pesca de mariscos, de
caracoles y de peces, como el mero o el besugo. Tenían
huertas donde sembraban frijoles, yuca y maíz. Además se
dedicaban al pastoreo de chivos, cabras y ovejas. De las
cabras tomaban la leche y de los chivos consumían la carne.
También sacaban sal del mar.

Irinú, un hombre de la comunidad, era un gran pescador. Cada mañana, al amanecer, salía de la ranchería en busca de mariscos y peces para alimentar a su familia. Intercambiaba algo de esta pesca por otros productos que hacían falta en su hogar. El intercambio lo realizaba con otras familias que se dedicaban a otros oficios. Por ejemplo, cambiaba tres meros por una cría de chivo o por un poco de sal.

Irinú y Tashi, su esposa, eran los padres de tres hijos. La mayor era Kanin, una niña de ocho años. La seguía Kai, un niño de seis años, y Kalia, de cuatro años.

Kanin era una niña muy tierna e inteligente. Siempre estaba pendiente de ayudar a los demás. Si Tashi necesitaba que alguien la ayudara a llevar una vasija con agua, ahí estaba Kanin. Si Kai quería reparar un juguete roto, Kanin le ayudaba con eso. Si la pequeña Kalia lloraba porque quería comer algo dulce, Kanin le traía en una vasija un poco de leche azucarada.

Kanin y sus hermanos ayudaban a su madre en diversas labores, mientras Irinú salía de pesca con el grupo de pescadores.

Un día, Irinú le llevó un regalo a Kanin. ¡Era el carapacho de una tortuga! No era común que las tortugas llegaran a las playas de La Guajira que frecuentaba el pescador. Pero, hacía mucho tiempo, en una noche de luna, cuando la luna se parecía a un gran queso redondo y amarillo, las tortugas decidieron pasar la noche y descansar cerca al lugar en el que Irinú acostumbraba pescar con su red, en compañía de los otros pescadores.

A la mañana siguiente, todas las tortugas despertaron y desaparecieron entre las profundas corrientes marinas para continuar su largo recorrido. Wekii, una de las tortugas, se quedó dormida en la playa. No despertó al mismo tiempo que sus compañeras. Cuando abrió los ojos, notó la ausencia de las otras tortugas y decidió no volver a moverse del lugar en donde estaba. Estuvo allí quieta tantos años que con el tiempo solo quedó de ella su carapacho.

Ese día, cuando Irinú fue de pesca, encontró el carapacho escondido entre la arena. Lo desenterró, lo recogió y se lo llevó a su querida hija Kanin.

—¡Kanin, mira lo que encontré hoy en la playa! —dijo Irinú mostrándole el carapacho a su hija—. Quiero regalártelo.

En ese momento, apareció Tashi y exclamó:

—¡Qué gran regalo te ha traído tu padre! Los carapachos de tortuga pueden ser usados como poderosos amuletos. Sentirás que la persona que te lo regaló te acompañará siempre, vayas a donde vayas, y que tú también la estarás acompañando, esté donde esté.

Kanin, emocionada, se quedó mirándolo detalladamente. Aunque su padre estuviera lejos, el carapacho de la tortuga Wekii la acompañaría, y ella sentiría que su padre estaba un poquito más cerca de ella.

Detective del lenguaje	La oración subrayada es exclamativa. Busca otra oración exclamativa en esta página.

Pasados unos días, Irinú y los otros pescadores regresaron muy desilusionados y tristes. Se les había roto la red de pescar.

Si querían otra red, debían atravesar el desierto cargando uno de sus productos, por ejemplo, una cabra, para intercambiarlo por una red nueva. Y este viaje no le sería fácil a la cabra, ya que tendría dificultad para resistir el sofocante calor del desierto. Además, viajar de noche no era seguro para nadie.

Kanin vio la desesperación de su padre. Nadie en la ranchería sabía cómo reparar la red de pescar. Ni siquiera la abuela de Kanin que tenía la sabiduría que traen los años.

Capítulo 2

Los hilos de Ati

Al otro día, Kanin levantó muy temprano a sus hermanos para encontrar una solución al problema de la red rota. Los tres niños se reunieron alrededor del gran carapacho de la tortuga. Kanin les explicó la situación y les pidió que juntos hicieran una lluvia de ideas y que de ella sacaran la más original. Tenían que encontrar la mejor opción para ayudar a Irinú y a los pescadores.

Los niños pensaron y pensaron. De repente, Kai exclamó:

—¡Araña! ¡Araña!

—Tienes razón, Kai, las arañas son excelentes tejedoras —respondió Kanin aplaudiendo.

—¡No! Mira la araña que sale del carapacho —exclamó Kai señalando una araña que asomaba su cabeza por un borde del carapacho.

Todos los niños quedaron en silencio.

—Soy Ati —comenzó a decir la araña mientras los niños la observaban asombrados—. Tranquilos. He oído el problema que tienen los pescadores de la ranchería y creo que sé cómo ayudarlos.

—Pero, ¿cómo? —preguntó inquieta Kanin.

—Es muy fácil, les enseñaré a tejer como lo hago yo —contestó la araña—. Tú, Kanin, como eres la mayor, te encargarás de enseñarles a tus hermanos menores.

Los niños no se imaginaban cómo era posible que una araña les enseñara a tejer y cómo este tejido ayudaría a reparar la red de pescar.

—Miren— les dijo Ati mientras hacía un hermoso tejido sobre los empinados lados del carapacho de la tortuga.

El tejido de Ati era perfecto y resistente. Sus formas eran armónicas y bellas.

—Kanin —llamó Ati—, agarra un palo y jala un poco los hilos de la telaraña. Te darás cuenta de lo resistente que es. ¡Por eso puedo atrapar deliciosos insectos para mi cena!

Kanin hizo lo que Ati le dijo. En efecto, la telaraña era muy resistente.

—¡Ati, tu telaraña parece invencible! —exclamó Kalia, la hermana menor de Kanin—. Eres una gran tejedora.

—Ahora, niños —continuó Ati—, si logramos hacer estos mismos nudos en la red, los pescadores podrán pescar nuevamente y no tendrán que ir en busca de otra red. Kanin, te enseñaré a tejer y todos guardarán el secreto. Después, Kanin será la encargada de enseñarles a los demás habitantes de la ranchería cómo tejer. Las clases de tejido que le daré a Kanin serán en la noche. Este calor es extremo y yo no lo soporto. Estaré aquí dentro del carapacho, búsquenme cuando el sol se ponga.

Los niños se fueron alegres a ayudar con las diferentes tareas y prometieron guardar tan valioso secreto.

Cuando el sol se ocultó en el horizonte, tiñó el cielo de hermosos colores violetas y rojizos. El viento comenzó a soplar fuerte y los niños se fueron a acostar. Todos se quedaron dormidos inmediatamente, pero Kanin se quedó despierta, pues estaba ansiosa. <u>Tenía su gran cita con Ati.</u>

Kanin se levantó de su cama y salió de su casa sin hacer ruido. No quería despertar a nadie. Llegó al lugar donde había dejado el carapacho. Allí la esperaba Ati para empezar con las clases de tejido que le había prometido a Kanin hacía unas horas.

—Eres puntual y responsable —la recibió Ati—. ¡Empecemos con nuestra labor!

Ati le enseñó cómo hacer las formas geométricas. Kanin notaba cómo cada una de estas formas se parecía a algo que ella había visto. Estuvo pensando y cayó en cuenta de que las formas que tejía eran similares a lo que la rodeaba. El círculo se asemejaba al sol. El cuadrado se parecía a su hogar. El triángulo era como las pequeñas montañas de arena que forma el viento.

Ati le enseñaba a tejer con los finos hilos de araña. Sin embargo, a Kanin le era difícil trabajar con ellos.

Detective del lenguaje

El texto subrayado es una oración enunciativa. Identifica otra oracion enunciativa en esta página.

Antes del amanecer, Kanin se fue a dormir y Ati desapareció en el interior del carapacho. Ese día, los niños ayudaron en varias labores, e Irinú y los pescadores siguieron preocupados por la red de pescar. Todas las actividades se centraban en los cultivos, los chivos, las ovejas y las cabras, pues ya no había pesca.

El sol se volvió a ocultar a la hora señalada. De nuevo, Kanin se levantó sigilosamente de su cama para encontrarse con Ati.

Esa noche la araña le dijo:

—Kanin, anoche aprendiste cómo hacer los nudos y de qué manera estos van formando figuras —dijo Ati—. Pero vi que tenías dificultad para trabajar el hilo de araña, pues es muy fino para tus dedos. Además, necesitas muchísimo hilo para poder arreglar la red de tu padre. Y yo no puedo hacer tanto hilo de araña.

—¿Qué haremos entonces? —preguntó Kanin con preocupación.

—He visto que las ovejas y las cabras están recubiertas de un material que se parece un poco a mis hilos —dijo Ati—. Tal vez nos pueda servir. Le he pedido a una de las ovejas un poco de su lana.

Ati le enseñó a Kanin cómo convertir esa lana en hilos. Le enseñó a estirarla. Así como las arañas extienden cuidadosamente el hilo de araña con sus patas mientras tejen, Kanin debía usar cada uno de sus dedos para convertir esa maraña de lana en finos hilos. Al final de la noche, lo había logrado.

Capítulo 3

La tradición de los tejidos

El sol salió e iluminó todo el amarillo y sofocante desierto. Ati se refugió en el carapacho. Kanin y sus hermanos ayudaron a sus padres a cuidar los animales y regar las plantas de la huerta, pues aún no había una red para pescar.

Irinú se ofreció para atravesar el desierto e intercambiar un chivo por una red de pescar. Habló con los otros pescadores para planear su travesía. No podían seguir sin pescar. Por eso, saldría al día siguiente, justo antes de que el sol saliera, para aprovechar su luz y guiarse en el camino. Esa noche, Kanin fue a su encuentro con Ati.

—Ati, mi papá atravesará el desierto —dijo la niña—. De día el calor es agobiante y de noche hay muchos peligros.

—No te preocupes —la consoló Ati—. Trae la red de pescar de tu padre.

Kanin se la llevó. Ati le indicó cómo hacer los nudos con el hilo que había fabricado la noche anterior.

—Hazlo como hiciste cuando trabajabas pacientemente con los hilos de araña. Hacer un nudo es un trabajo cuidadoso que le dará resistencia y belleza a lo que realices.

Kanin hizo lo que Ati le indicó. Cuando el sol se levantó con sus imponentes rayos, los pescadores decidieron organizar la salida planeada por Irinú.

Sorprendidos, descubrieron que la red de pescar había sido reparada. Para todos era un misterio. Los pescadores la probaron en las orillas del mar y, en efecto, estaba reparada. ¡Servía de nuevo! Hubo un gran alboroto entre los wayú. Los niños se miraron entre sí y guardaron el secreto. A la noche siguiente, los niños fueron a darle las gracias a Ati.

—Ati, has sido muy gentil, gracias por habernos ayudado —dijo Kai.

—Ha sido un gusto —respondió Ati—. Saben donde estoy si me necesitan. Kanin, debes enseñarles a tus hermanos qué aprendiste y cómo reparaste la red de pescar.

Desde entonces, Kanin se reúne con sus hermanos menores para enseñarles a tejer. Kanin les enseña a hacer nudos firmes y resistentes. Les enseña a sacar hilos de la lana de cabra, oveja y chivo, y a hacer divertidas formas geométricas con el tejido.

Detective del lenguaje | ¿Cuál es la función de las comas en la oración subrayada?

Con la luz del día, los niños se dieron cuenta de que las cosas no sólo podían representarse con formas geométricas, sino que también tenían hermosos colores. Así que en la noche, teñían los hilos con los elementos de la naturaleza. Algunas piedras teñían los hilos con el color del sol. Y algunas hojas les daban a los hilos el color de las plantas.

Como los niños eran muy ingeniosos, pronto empezaron a realizar diversas figuras con sus tejidos. Hicieron mochilas, o bolsos, donde guardaban lo que necesitaban. También, tejieron chinchorros, una especie de hamaca que tiene una cobija incorporada para protegerse del viento frío en las noches del desierto.

Los niños les contaron a sus padres y a otros adultos lo que había pasado. Ellos también quisieron aprender este arte. Kanin le enseñó a su madre, a su tía, a su abuela, a su abuelo y a todos sus familiares cómo tejer mochilas y chinchorros y, por supuesto, cómo reparar las redes de pescar. Los tejidos de Kanin y los niños se extendieron entre otras rancherías de los wayú. Todos estaban encantados con esta maravillosa técnica.

Así fue como se transmitió de generación en generación la enseñanza de los tejidos. Porque cada vez que se hace un nudo o se hila la lana de algún animal, se cuenta la maravillosa historia de la araña Ati, de Kanin y de sus hermanos.

Y para no alargar más este cuento, contado una y otra vez, concluyo aquí. Recuerda que te lo he narrado para que puedas contárselo a alguien más.

Respuesta a la lectura

Resumir

Usa los detalles más importantes de *Los hilos de la araña* para resumir el cuento. Usa el organizador gráfico como ayuda.

Personaje

Ambiente

Principio
↓
Desarrollo
↓
Final

Evidencia en el texto

1. ¿Cómo sabes que *Los hilos de la araña* es un cuento folclórico? Identifica tres características que lo indiquen. GÉNERO

2. ¿Qué sucesos ocurrieron después de que Ati le enseñara a tejer a Kanin? SECUENCIA

3. En la página 12 aparece la palabra *sofocante*. ¿Qué sinónimos tiene esta palabra? Usa claves de contexto para averiguarlo. SINÓNIMOS

4. Escribe cómo encontró Ati una buena idea para resolver el problema de la red rota. ¿Qué aprendiste sobre lo que hizo Ati? ESCRIBIR SOBRE LA LECTURA

Compara los textos

Lee y sabrás qué idea ingeniosa se le ocurrió a un padre para poder dejar una original herencia a sus hijas.

La pócima de la felicidad

Un anciano mongol viudo y con pocos recursos económicos no tenía qué dejar de herencia a sus hijas. Estuvo pensando y pensando hasta que se le ocurrió una idea ingeniosa y original. Les pediría a las muchachas que buscaran la pócima de la felicidad. Así, si encontraban lo que les había pedido, probaría qué tan vivarachas eran y, de paso, les dejaría una maravillosa herencia.

Reunió a sus tres hijas y les dijo:

—Estoy muy viejo y no tengo bienes para dejarles, pero les daré una información que vale más que todo el oro del mundo. Hace tiempo, un forastero me dijo que era posible encontrar la pócima de la felicidad. Solo la puede descubrir quien lo desee de corazón. El camino para llegar a ella lo deben buscar ustedes.

—Papá, puedes darnos una pista. ¿A dónde debemos ir? ¿Qué debemos buscar? —preguntó la hija mayor.

Illustration: Carmen Segovia

17

Las muchachas tomaron una decisión. No iban a ir a los mismos lugares. Elegirían rumbos distintos.

La hija mayor partió hacia las tierras frías del norte en busca de la flor de Asgard. Ella había escuchado que esta flor prodigiosa florecía una vez cada veinte años y que cumplía todos los deseos de la primera persona que aspiraba su aroma. La joven pensó: "Si la encuentro podré desear toda la felicidad del mundo y así habré encontrado lo que mi padre me pidió".

La muchacha buscó la flor no solo en las tierras frías del norte, también en las tierras cálidas del sur. No la encontró, pero de tanto buscar se volvió una experta en plantas. Esa fue su mayor felicidad: conocer de frutas, flores y vegetales.

La segunda hija buscó la fórmula en todos los libros que encontró. Como no la halló, se reunió con sabios del mundo entero con quienes tuvo conversaciones interminables de las que salían productivas lluvias de ideas. Preguntó, leyó e investigó tanto que ella misma se convirtió en una mujer muy sabia. Muchas personas iban a consultarle asuntos de gran importancia y, en la mayoría de los casos, sus consejos eran muy acertados. En eso consistió su felicidad.

La hija menor se quedó junto al padre. Estaba segura de que él guardaba el secreto de la pócima de la felicidad. Aprendió el arte de la cetrería, es decir, criar y domesticar halcones y otras aves. También, aprendió a cazar con arco y cada vez era más hábil y veloz con los caballos. Su padre le enseñó a pastorear vacas y ovejas. La muchacha fue feliz haciendo todas esas tareas.

Ninguna de las tres muchachas encontró la pócima de la felicidad. Así que volvieron a preguntarle al padre dónde podían encontrarla. El anciano las reunió y les dijo que en realidad no existía tal brebaje. Ellas habían demostrado que eran lo suficientemente inteligentes como para encontrar lo que las hacía felices. Esa era la mejor herencia que él les podía dejar.

Moraleja: La felicidad está en nuestro interior.

Haz conexiones

¿De dónde provienen las ideas ingeniosas del padre mongol?
PREGUNTA ESENCIAL

¿En qué se parecen los personajes principales de *Los hilos de la araña* y *La pócima de la felicidad*? EL TEXTO Y OTROS TEXTOS

Enfoque: Género

Cuento folclórico Los cuentos folclóricos forman parte de las tradiciones de una región. Se transmiten de una generación a otra. Pueden narrar las maneras que encuentran los personajes de solucionar los problemas a los que se enfrentan.

Lee y descubre En *Los hilos de la araña,* Kanin busca la manera de solucionar el problema de la red de pescar rota. Lo logra con la ayuda de Ati, una araña, que le enseña a tejer. El conocimiento que adquiere lo transmite a sus hermanos menores y luego a los adultos.

Tu turno

Escoge un cuento folclórico que conozcas. Cambia el ambiente y los personajes para hacerlo más moderno. Haz una tabla de dos columnas. En una columna, enumera las características del cuento folclórico tradicional. En la otra columna, enumera la forma en que aplicaste esas características en tu cuento folclórico moderno. Cuando hayas terminado la tabla, dale un título a tu cuento folclórico. Compártelo con tus compañeros.